LES POTS-DE-VIN

PARLEMENTAIRES

> Il n'y a plus de crédit privé ou public, il n'y a plus d'affaires sérieuses possibles si le Parlement crée des commissions d'enquête pour examiner la situation des sociétés.
>
> LÉON SAY. (Séance du 19 mai 1876; chambre des députés.)

> Il n'y a pas de place pour le pauvre au banquet de la vie.
>
> J.-B. SAY.

> Enrichissez-vous.
>
> GUIZOT.

J'ai peu de goût pour les brochures et le public me rendra cette justice que je lui adresse ordinairement la parole en 350 ou 700 pages[1]; mais la lâcheté universelle, comme aussi le servage des journaux courbés sous la férule des capitalistes, ont éclaté avec une telle intensité,

[1] *La Haute Banque et les Révolutions* (1 vol.).
Les Rois de la République (2 vol.).
L'Agiotage sous la troisième République (2 vol.).
(On trouve ces ouvrages chez SAVINE, 18, rue Drouot.)

à l'occasion de l'incident Gilly que, pour les constater sans délai, j'ai dû recourir à la forme brève et pénétrante qui fait la force de la brochure.

Cependant, il faut que je le dise, si ce que je vais écrire est de nature à déplaire au Parlement, celui-ci ne pourra même pas m'accuser de l'avoir pris en traître.

Vers la fin d'avril passé, je lui ai envoyé, dans une *lettre-pétition*, les avertissements les plus clairs et les plus catégoriques; je lui ai même fait l'honneur de le croire aveugle seulement par ignorance et me suis mis à sa disposition en l'invitant à me mander à sa barre pour lui fournir toutes les explications verbales dont il aurait besoin.

Ni la Chambre, ni le Sénat n'ont donné signe de vie, et, en dépit du règlement, aucun rapporteur n'a fonctionné, sénateurs et députés ayant vraiment autre chose à faire qu'à s'occuper de l'intérêt public!

Et, d'ailleurs, que suis-je, moi, chétif, pour attirer leur attention? Ai-je seulement dans ma poche quelque pot-de-vin à leur distribuer?

Non? Eh bien alors, qu'est-ce que je viens faire devant eux?

Si j'ai la rage de parler à la tribune, pourquoi, au lieu de troubler leur quiétude, ne vais-je pas comme un simple candidat, solliciter les suffrages?

Voilà certainement ce qui doit gronder sous le crâne des élus qui ont eu connaissance de ma tentative.

Eh bien! ne leur déplaise, même pour avoir accès auprès d'eux, je n'irai pas à leur exemple, mentir aux électeurs et prostituer, dans un faux serment, ma main pleine de vérités!

Je ne suis rien? disent-ils; c'est vrai et c'est ma force!

Toutefois, qu'ils y prennent garde; pour crier grâce au nom des affamés et écraser les affameurs, il suffit, même clamant dans le désert, d'être la voix de *celui qui sait;* il suffit, même étant dans l'ombre, d'être la main de celui qui écrit sur les murs des palais : *Mané-Thécel-Pharès!*

. . . .

Et, maintenant, j'entre en matière.

*
* *

Donc, à peine instruits, qu'un député avait déclaré publiquement dans une réunion que, parmi les trente-trois membres de la commission du budget, *il y avait plus de vingt Wilsons*, quelques-uns se sont effarés et, semblables à des collégiens inculpés par un surveillant, ont levé le doigt en s'écriant : « Est-ce moi ? M'sieu ! »

Rouvier-la-Prudence a voulu apaiser le bruit ; Raynal-sans-Remords a clamé au scandale ; Andrieux-Matamore a fait les gros yeux et, se lavant les mains comme Pilate, a déclaré « qu'on n'osera pas l'attaquer ».

Le plus curieux c'est que, comme le dit justement Cornély, être un Wilson c'est être un monsieur « calomnié par l'opinion et innocenté par la justice » ; d'où il suit qu'en bonne logique c'est à Wilson que reviendrait le droit d'incriminer, en même temps, la commission du budget et Numa Gilly, pour avoir pris son nom *en mauvaise part*.

Au fond, la pruderie de la commission atteint le plus haut degré du comique : Andrieux a trouvé Wilson exquis quand, par son ami Proal il obtenait la candidature dans les Basses-Alpes et Rouvier, ministre, a tenu bon, à la fin de 1887 aux heures graves de la démission Grévy, tant que la conversion du 4 1/2 et du 4 p. 100 n'a pas été un fait accompli[1].

Bref, toute l'indignation publique se base, actuellement, sur ce fait qu'à ses yeux il n'y a plus un mandataire du pays qui soit à l'abri d'une accusation de pot-de-vin.

Le pot-de-vin l'agace. Ce vieux mode rabelaisien de traiter les affaires en buvant un coup et même plusieurs, transformé par la *civilisation* (?), est devenu, comme dit le dictionnaire, « un pré- « sent que l'on donne au delà du prix arrêté « pour un marché ».

Or, quand un marché se traite entre deux contractants dont l'un est l'*Etat*, ce n'est jamais celui-ci qui porte le verre à ses lèvres, mais bien son représentant, député, sénateur ou ministre; ce n'est pas la même chose et le peuple a raison de dire : « Ce n'est point pour cela que nous les avons nommés » ; quant au code, enfant terrible à ses heures, mais dont la magistrature a mission de rogner les ongles, quand il s'agit des puissants, il baptise simplement le pot-de-vin parlementaire : « Concussion. »

Toutefois, ce serait une grande erreur de

[1] L'*Agiotage sous la troisième République*, 2e volume, pages 264-265.

croire que le pot-de-vin civilisé revêt toujours la forme d'une somme d'argent remise de la main à la main.

Est pot-de-vin tout avantage monnayable qu'un mandataire du pays se procure à l'occasion de ses fonctions.

Eh bien, je n'hésite pas à le déclarer, il n'y a pas un sénateur et pas un député qui, dans l'exercice de son mandat, fasse passer son propre intérêt *après* celui du pays; les meilleurs mettent les deux intérêts sur le même pied d'égalité; les autres, carrément, font prédominer leur avantage personnel.

Tous sont coupables devant la saine morale, mais le peuple français est leur complice car, dans l'organisation qu'il accepte, IL N'EST PAS POSSIBLE QUE LES CHOSES SE PASSENT AUTREMENT.

Nous voilà bien loin, comme on le voit, des dénégations de la commission du budget.

Quand on crie au scandale en face des appétits de certains dirigeants; quand on flétrit leur soif de l'or et leur pourchas de toutes les richesses, a-t-on jamais songé à ce mécanisme tout simple exigeant qu'un chef de famille augmente ses profits annuels au fur et à mesure que sa famille croît.

Mauvais père! dit-on à l'homme qui, chargé de famille, dédaigne les profits, reproche qu'Henry Fouquier, bourgeois invétéré, ayant trouvé le moyen d'être quelquefois spirituel, traduit ainsi : « Je verrais avec terreur le soin d'équilibrer le « budget de l'État confié à des gens qui ignore- « raient ce que c'est que le bilan d'une maison « de commerce. »

Il est vrai que Fouquier est allé cacher sa prose commerciale dans le *Petit Marseillais*, journal d'une ville commerçante, comme s'il eût craint de souiller les colonnes *pures* du *XIX*e *Siècle* ou du *Figaro;* mais sa prose n'en est pas moins bonne à recueillir, car elle est un constat merveilleux des théories de morale inférieure hantant les cerveaux réputés les plus intelligents.

Voyons, raisonnons un peu :

Voici un député ou un sénateur, bref un élu; simple avocat ou notaire, il sort de sa petite ville et se trouve lancé sur le macadam parisien.

L'avocat est habitué à être payé pour parler, le notaire pour grossoyer; le voilà chargé d'une affaire qu'il juge bonne pour l'Etat et, à cette occasion, il cueille un profit; que voulez-vous dire à cet homme? il dotera mieux sa fille, voilà tout. C'est un bon père.

S'il n'a point de fille à doter, il a probablement un budget parisien devant être ignoré de Mme la notaresse ou Mme l'avocate et dépassant, certainement, son indemnité parlementaire. Que voulez-vous dire à cet homme?

Seulement bien douce est la pente qui va de l'affaire bonne, en même temps, pour l'Etat et le fonctionnaire à celle meilleure pour le fonctionnaire que pour l'Etat.

C'est alors qu'on argumente, que l'argument se fait argutie. Hier on avait crié d'une voix de tonnerre : « Il faut racheter les chemins de fer! « Haine et guerre à la féodalité financière! » Puis le lendemain on est Raynal ou Rouvier et on déclare d'un air contrit qu'il n'y a décidément pas moyen de faire le rachat et qu'au fond on a combiné les conventions de façon à jouer aux compagnies un tour pendable.

Les années se passent et il se trouve que Raynal, Rouvier et consorts ont préparé l'horrible boucherie de Velars; que les finances de l'Etat épuisées, sont devenues insuffisantes à payer le revenu garanti aux compagnies; que celles-ci, menacées dans le crédit de leurs titres, ont fait des économies à outrance *non point sur leurs bénéfices* mais sur *la sécurité des voyageurs*, bétail humain, utile seulement à fabriquer des dividendes.

Et voilà pourquoi la Compagnie de P.-L.-M. a économisé, depuis 1884, six millions par an sur les dépenses d'entretien et réfection de la voie.

Si l'élu que j'ai dépeint tout à l'heure devient ministre, c'est bien pire encore; il se fera inévitablement des ennemis dans l'exercice de son pouvoir. Sa royauté passée, que deviendra-t-il? S'il est sorti d'une étude de notaire, reprendra-t-il son ancien rond-de-cuir dans sa petite ville? Mais il a contracté des habitudes nouvelles; on se fait vite à la grandeur, même en s'y montrant grotesque! Comment faire pour continuer à être roi, pour s'affranchir des exigences des clients? pour être absolument indépendant, haut placé et, surtout, hors des atteintes de l'envie ou de la rancune?

La réponse est bien simple : il faut posséder de gros capitaux et il faut les accumuler pendant qu'on est ministre, ayant alors pour ce, comme l'on dit, « le pain et le couteau ».

Ces tas de valets qui veulent être rois ont fort bien calculé : est roi, vraiment, quiconque a le capital.

Avez-vous jamais réfléchi, lecteur, à la moralité de cette genèse royale?

Voici une drôlesse. Pendant dix ou quinze ans, elle a loué sa viande aux passants et, dans cet honnête commerce, elle a réuni une somme de trois cent mille francs. Un jour, elle a porté ce capital au Trésor public; du coup, elle a obtenu une rente perpétuelle de douze mille francs environ, à elle payée par toutes les mères, par tous les pères de famille de France, par vous, mademoiselle, qui venez d'hériter, et par vous aussi, M. Freppel, en votre qualité de contribuable, ce qui vous donne la singulière occupation d'entretenir Laïs et le culte de Vénus.

Voici maintenant un drôle. Il a beaucoup triché au jeu, beaucoup volé, beaucoup pillé les gens; les uns en sont morts, les autres en sont fous; il a violé la loi, qui s'est laissé faire en bonne personne et ne s'est point plainte de peur de révéler son déshonneur. Par cet honnête travail il a accumulé vingt-cinq millions; il porte ces vingt-cinq millions au Trésor et aussitôt toute la France lui solde perpétuellement un million par an.

Je dis toute la France : vous, madame, qui

raccommodez les chaussettes de votre mari, aussi bien que vous, monsieur, qui les usez pour aller à votre bureau, griffonner pendant neuf heures. Vous aussi, monsieur Freppel, qui cependant prêchez la morale, et vous tous enfin, surtout, ouvriers de la terre, c'est pour payer ces rentes que vos enfants manquent de pain.

Comme c'est beau la genèse royale ! surtout combien c'est moral ! Et c'est pour conserver le prestige de cette morale que les peuples élisent des députés et des sénateurs, puis ils s'étonnent que ces fonctionnaires soient à la hauteur de leur mission.

Regardez-y bien de près : tous ceux qui ont eu des fonctions plus ou moins dangereuses dans le désordre social qui nous régit depuis cent ans, ont été soigneusement recueillis par le *capital* dans ces *églises* appelées maisons de banque.

N'avons-nous pas vu, depuis de longues années, traîner dans les conseils d'administration et dans les commissariats des comptes, le nom d'un magistrat célèbre dans les fastes correctionnels de l'Empire. Qui ne se rappelle le terrible de Gonet ?

« Celui-ci connaît bien les plates-bandes du « Code ; prenons-le », se sont dit les financiers.

Et ils l'ont pris ; de Gonet a été à la *Société générale* où a trôné l'étonnant Denière, puis il a échoué dans l'*Assurance financière*, à côté de Laisant, député, Arbel, sénateur, Cordier, sénateur, et il y a retrouvé un autre nom de magistrat célèbre : Benoît-Champy [1].

Bardoux a été ministre. Dégommé, le *Crédit industriel et commercial* lui a ouvert les bras et offert un siège d'administrateur.

Tout le monde connaît les mésaventures de Numa Baragnon, administrateur du *Crédit de France ;* celles de Cazot, avec l'*Alais au Rhône*, tous sénateurs.

On connaît également les mésaventures de Brutus Bouchet et de Marius Poulet, députés.

Quel est donc l'attrait qu'a, pour les députés ou les fonctionnaires, un siège dans les conseils d'administration des Sociétés financières ?

Parbleu ! c'est bien simple :

L'attrait est de ne rien faire et de gagner beaucoup.

Cela consiste à aller une fois par semaine dans un salon luxueux, se vautrer dans un bon fauteuil, autour d'un tapis vert : on est là dix ou

[1] L'*Agiotage sous la troisième République*, 2e volume, page 233.

quinze, tous appartenant à la *gentry* de plus ou moins fraîche date; on fume des cigares et, entre temps, on cancane sur le gouvernement. On a, par téléphone ou autrement, la primeur des décisions du conseil des ministres; on sait que la Bourse doit monter ou baisser. Subsidiairement on regarde quelques bilans et on donne quelques signatures. A ce petit jeu on a des jetons de présence et une part dans les bénéfices.

Il n'est presque pas de société financière qui n'alloue à ses administrateurs, outre une indemnité, une part d'environ 10 p. 100 sur les bénéfices nets. Celles qui font peu de bénéfices, comme la *Caisse centrale populaire*, payent des *jetons* très élevés, qu'elles inscrivent parmi les frais généraux au même titre que les appointements du personnel. Par exemple, en 1883, les jetons pour le conseil d'administration de la *Caisse centrale populaire* s'élevèrent à 85,000 francs, et l'indemnité aux trois commissaires censeurs à 9,600 fr. Or, le conseil d'administration ne contenait pas moins de neuf sénateurs ou députés.

Je ne reproduirai pas ici cette liste que, d'ailleurs, j'ai donnée *in extenso* avec d'autres dans l'*Agiotage*[1]. Je me bornerai à en tirer des conclusions :

Comment pourrait-on admettre, par exemple, que des émissions de la *Caisse centrale populaire*, ayant besoin du concours du Parlement n'y trouvent pas des rapporteurs tout au moins bien disposés ?

Plus sont grandes les sociétés, plus est considérable l'appât tendu aux représentants de la nation.

Par exemple, être administrateur du *Crédit foncier* est une merveilleuse sinécure ; les plus honnêtes, comme le sénateur Mazeau, résignent leurs fonctions lorsqu'ils arrivent au ministère, mais les reprennent sitôt qu'ils en sont sortis.

Malgré cela, comment supposer qu'étant ministre et *ministre de la justice* cet homme n'ait pas conservé l'arrière-pensée de reprendre son siège d'administrateur après une chute que le parlementarisme rend toujours certaine ? Et alors, comment croire que, garde des sceaux, il aurait une indépendance complète vis-à-vis de ses anciens et aussi futurs collègues.

Qu'on ne dise point que les choses se passent autrement.

[1] 2e volume, pages 4 à 8.

Voici, extraite du dernier rapport, daté du 30 avril 1888, la preuve de ce que j'avance :

« M. Mazeau, dit ce rapport, qui, par d'hono-
« rables scrupules, avait cru devoir résigner, au
« mois de juin, son mandat d'administrateur, a
« été réélu par le conseil au mois de décembre
« suivant, lorsque la cause de ces scrupules eût
« cessé d'exister. »

Et Mazeau n'est pas le seul dans ce conseil, où je trouve Paul Devès, sénateur, ancien ministre de l'agriculture et de la *justice*, René Brice, député ; Mir, député.

C'est, en réalité une chose fort commode que de se préparer une sinécure valant au bas mot dix mille francs par an, en fréquentant un salon où l'on apprend, avant tout le monde, le dividende de l'année, où l'on collabore à sa fixation, c'est-à-dire où l'on décide que les cent actions statutairement obligatoires pour être administrateur du Crédit foncier rapporteront (à 60 ou 70 francs l'une) 6 ou 7000 francs, lesquels viendront s'ajouter à l'indemnité ordinaire.

Je laisse de côté la question de savoir si, dans certains cas, les cent actions statutaires ne sont pas entrées dans le portefeuille de l'administrateur le jour même de son élection.

Comment veut-on que ces hommes, généralement influents, ne soient pas remplis de zèle pour toutes les mesures susceptibles d'enfler les bénéfices du *Crédit foncier*, lesquels ordinairement dépassent vingt millions par an !

A ceux-là allez donc déconseiller les *emprunts-sauterelles* et les *bons de presse ;* allez donc leur dire que les loteries sont aussi bonnes pour *Panama* que pour le *Crédit foncier !*

Et s'il m'était permis de fouiller dans le détail, ne trouverais-je pas le secret de certaines attitudes anti-panamesques à la Chambre et au Sénat dans le désir d'être agréable au *Crédit foncier* en paralysant cette concurrence d'émission pour se préparer ainsi un siège d'administrateur à la première vacance[1].

Dans tous les cas, je voudrais bien savoir pourquoi Andrieux, Compayré, Leguay, membres de la commission, hostiles, en 1886, à l'émission de Panama, ont voté pour cette émission en 1888 et pourquoi Marmonnier et Pernollet, commissaires favorables en 1886, ont voté contre en 1888, alors que les mêmes raisons de morale juridique existaient aux deux époques.

[1] Voyez à l'occasion de Panama, l'*Agiotage sous la troisième République*, tome II, page 204 et suivantes.

Mystère !

Les uns ou les autres n'ont-ils eu « que l'espoir », comme l'amant du sonnet d'Oronte, ou bien Philis a-t-elle cédé à leurs vœux ?

Qui le saura jamais?

Ce nonobstant, combien de braves bourgeois élus n'ont-ils pas ainsi « tué le mandarin » et entrevu le pot-de-vin en rêve. Or, notez bien que rêver le pot-de-vin et le recevoir est en morale tout un.

Les intentions se traduisent par des votes, les votes sont déplorables, ruinent la France ; car, il n'est pas un seul million gagné par le *Crédit foncier* qui n'enrichisse un quart de la population en ruinant les trois autres quarts [1].

Faire partie du bienheureux quart des enrichis est le rêve de tous les élus et de tous les fonctionnaires.

Ainsi s'explique le zèle muet avec lequel sont votés des milliers de projets de loi qui passent inaperçus, ne provoquent publiquement aucune discussion et n'en sont pas moins promulgués à l'*Officiel*?

[1] J'ai prouvé cela irréfutablement dans *Les Rois de la République;* la *Prochaine Révolution* et l'*Agiotage*.

Concessions de chemins de fer, de canaux, d'éclairage municipal, d'emprunts de villes! il n'y a pas de jour où quelque rapporteur ne fonctionne au Parlement pour obtenir des millions qui font des milliards.

Seulement depuis 1877, plus de QUINZE milliards ont été pris ainsi dans le public sous forme d'emprunts d'Etat, d'emprunts de villes, d'obligations de chemins de fer, de sociétés de crédit et la plus grande partie de ces sommes ont fait l'objet d'un rapport parlementaire.

Les emprunts d'Etat et de villes seuls ont porté sur plus de trois milliards; l'industrie et les chemins de fer ont fourni à la discussion plus de sept milliards et quart; le reste appartient aux établissements de crédit.

On peut même mesurer les majorités de chaque législature à l'importance des émissions qu'elles ont traversées.

La législature de 1877 à 1881 a vu près de huit milliards d'émissions, celle de 1881 à 1885 plus de cinq milliards! La législature actuelle, de 1885 à 1887 est arrivée à près de deux milliards et demi.

C'est la moins favorisée, elle est mécontente; ses dents plus longues veulent broyer de l'or;

la matière manque, d'où sa colère, d'où son étalage de pudeur.

Il est inouï qu'un seul sénateur ou qu'un seul député ose prendre la plume pour défendre l'innocence de ses votes financiers.

Pour qui connaît les dessous de la finance, le lien est évident, entre certaines lois et certains profits.

J'ai raconté dans l'*Agiotage*[1], comment la législation sucrière soutenue par Wilson a bénéficié à la compagnie de *Fives-Lille;* eh bien, dans cette compagnie, outre Wilson, qui a dû donner sa démission, je trouve Krantz et Siegfried.

Or, cette même société a fourni des installations à la gare Saint-Lazare et à la ville de Marseille; elle travaille aussi pour la Chine et le Japon; elle a obtenu du ministre des travaux publics l'exploitation pour dix ans de la ligne de Saint-Georges-de-Commiers à La Mûre (Isère); enfin elle fournit l'exposition universelle.

Allez donc raisonner, dans un intérêt général, avec Krantz, Siegfried et autrefois Wilson, sur la question des sucres, sur le contrôle des

[1] 2e volume, page 204.

recettes des chemins de fer de l'Ouest, sur l'imbécillité d'une politique coloniale et sur l'organisation économique de l'exposition universelle.

Mauvais administrateur ou mauvais mandataire du pays, tel est le dilemme; le pays lui alloue 9,000 francs, mais la compagnie financière lui en offre 15 ou 20,000, si ce n'est plus; or, je l'ai dit: automatiquement, même en agissant en bon citoyen, c'est-à-dire en *peuplant*, chaque chef de famille voit croître annuellement son besoin de profit.

Elargir ce profit, grâce aux fonctions, leur semble donc tout naturel et, cependant, chaque richesse conquise ruine la masse de la nation.

Allez donc dire au furieux Sabattier, député d'Oran, membre de la commission du budget, qu'il y a eu peut-être imprudence à concéder au *Crédit algérien* un emprunt de cinq millions de la ville d'Oran et à laisser le même *Crédit algérien* écraser un peu plus la ville de Mostaganem, au moyen d'un prêt récemment consenti.

Allez donc persuader à Jules Siegfried, député, que Jacques Siegfried donnant ses soins à la *Banque russe française* qui subventionne les *sucres de Barcelone* et le *Crédit foncier de Santa-Fé,* expose inutilement les capitaux français ; dites à son collègue Paul Dutreil, sénateur, qui, sans compter le tantième sur les bénéfices, participe à l'allocation de 48,000 francs affectée au conseil d'administration, que son intervention dans une société où il rencontre Edmond Rodier, administrateur de Fives-Lille, en fait un déplorable mandataire quand il s'agit de la question des sucres au Sénat.

Persuadez donc à Léon Delaporte, censeur de la *Banque franco-égyptienne* (laquelle donne 4,000 francs à ses commissaires et 60,000 francs à ses administrateurs sans compter les bénéfices), que les opérations de sa société sont ruineuses pour la France et compromettantes pour sa sécurité.

Peut-on imaginer que Charles Ferry, ayant donné depuis peu sa démission, n'a jamais entretenu son frère Jules des préoccupations que lui causait certain procès pendant depuis longtemps entre la *Banque franco-égyptienne* et le gouvernement américain, procès récemment perdu d'ailleurs.

Comment croire également que Léon Delaporte, gendre d'Allain-Targé, comme l'est aussi

Charles Ferry, n'a jamais soufflé mot à son beau-père des aléas d'une perte possible.

Est-il admissible que Auguste Hovius, député, armateur, président de la Chambre de commerce de Saint-Malo et censeur de la *Compagnie Havraise péninsulaire de navigation à vapeur*, puisse discuter en toute liberté d'esprit les questions coloniales et les traités de navigation avec l'État lorsqu'on songe que sa société a des intérêts au Havre, à Oran et à Alger et exploite des lignes maritimes sur Maurice, la Réunion et Madagascar.

Parlerai-je de l'étonnante discussion dont fut environné le projet de loi concernant la création d'un câble dit des Antilles ? Il y avait là une demande de subvention d'un million par an pendant vingt-cinq ans, soit vingt-cinq millions à faire payer par le peuple français. Il y avait là des obligations à émettre ; il y avait tout un mouvement de spéculation attisant toutes les convoitises. Il y avait d'abord ceux qui fourniraient le métal ; or Secrétan, le grand ouvrier du syndicat du cuivre, très soutenu par Rothschild, est à la *Caisse centrale populaire*, vrai nid de députés ou de sénateurs ; il y avait ensuite celui qui fabriquerait le câble. Or dans presque toutes les sociétés d'industrie mécanique il y a des gens du parlement. Il y avait celui qui poserait le câble et là nous nous trouvons en présence des entreprises de navigation dont les conseils d'administration sont émaillés de parlementaires.

Enfin, il y avait ceux qui profiteraient de l'exploitation du câble. Ici la lutte parlementaire, que le *Temps* du 12 février 1887, qualifiait de : « séance tourmentée et machinée ; de discussion « passionnée, règlée comme une pièce de théâ- « tre, avec des dessous et des surprises » dénonce elle-même tous les appétits.

La feuille du sénateur Hébrard, qui en sait long (car Hébrard est administrateur de la Société d'électricité Deprez-Rothschild), n'en dit pourtant pas davantage.

Jamais d'ailleurs les grands mots de patriotisme et d'honneur français n'ont plus ensalivé les lèvres des orateurs.

— Vous voulez livrer le cable aux Anglais ! dit celui-ci ; aux Américains ! dit cet autre. Il faut qu'il appartienne à la France, dit un troisième.

Et derrière toutes ces belles phrases, les unes écrites par Jules Roche, les autres prononcées par Fernand et Félix Faure, grouille tout un monde d'appétits : il y a les Américains avec Mackay et Bennett. « Pourquoi se méfier des Américains ? N'ont-ils pas fourni les machines à fabriquer le fusil Lebel sous le ministère Boulanger ? Grosse affaire non éclaircie. »

Il y a la *Submarine-Company*, il y a la *Compagnie du télégraphe de Paris à New-York*, où s'illustra le sénateur célèbre nommé Pouyer-Quertier. Je n'en finirais pas.

Et pendant ce temps, le pauvre public, lecteur de journaux, reste ébahi, écarquillant les yeux devant les longues colonnes consacrées au câble des Antilles, lorsque, à côté, il compte quatre lignes dédaigneuses où l'on parle de réformes sociales.

Je n'entrerai point dans le détail, car je ne fais point ici un nouveau volume ; je me bornerai à renvoyer le lecteur à l'*Agiotage* où il trouvera parmi d'autres faits le récit du coup de bourse de Lang-Son, qui fut aussi un coup d'État, et je lui dirai en outre : demandez donc aux parlementaires pourquoi, en juillet 1883, ils refusaient de concéder le cable de Lang-Son à l'*Eastern-Company* et, pourquoi en décembre 1883, ils avaient si complètement changé d'opinion que l'*Eastern-Company* fut titulaire du cable. Or les même raisons patriotiques, on l'a bien vu depuis, existaient aux deux époques [1].

Tout cela s'étale au grand jour ; dans les couloirs des deux Chambres on se raconte les particularités et l'on cancane à qui mieux mieux.

Mais qu'au dehors transpire un seul des potins dont les huissiers eux-mêmes font entre eux des gorges chaudes, voilà tous les élus, remués dans leur pudeur, et comme Sem et Japhet cachant la nudité de Noé que Cham avait dénoncée, ils jettent, sur la nudité de la corruption parlementaire, le manteau biblique de l'indignation.

Cependant, ils savent bien tous que la France est au pillage, mais ils se taisent — et pour cause — ne voulant pas, comme dit Andrieux « se faire accusateurs publics ». Traduisez : cracher en l'air !

Un jour, un nouveau ministère entre en fonction jurant ses grands dieux qu'il va faire des économies. Quelqu'un lui signale que la riche Compagnie des allumettes reconnaît dans ses

[1] Voir l'*Agiotage sous la troisième République*, tome II, page 146 et suivantes.

bilans devoir à l'État, depuis 1875, cinq millions pour mensualités en retard sur la redevance.

En 1884, survient le renouvellement du fermage ; dans une séance orageuse les députés Leydet et Saint-Romme démolissent le monopole. En fait, une nouvelle adjudication a lieu ; personne ne se présente pour surenchérir et la même Compagnie, où l'on voit des pauvres diables comme les banquiers Mallet et Pillet-Will et même Demachy, l'ex-associé de Seillière, reprend possession du monopole. Seulement, au 31 décembre 1887, les cinq millions arriérés depuis 1875 n'ont pas encore été payés à l'Etat.

Vers la même époque, à ce que nous apprend tout récemment la Cour des comptes, le ministère se hâtait de payer près d'un million aux constructeurs des vaisseaux le *Formidable* et l'*Amiral Baudin*.

On portait cette somme au compte des dépenses du Tonkin ; or ces vaisseaux, commencés en 1880 n'étaient point fini en 1887 et n'avaient par conséquent pas pu servir à l'expédition coloniale [1].

[1] *La Marine en danger*, par Pène-Siefert, page 52 (Savine éditeur).

Pourquoi ces deux générosités en sens inverse? Pourquoi ne point réclamer les cinq millions aux Mallet et Pillet-Will réunis en société et dissimuler dans les dépenses coloniales des paiements prévus à des chapitres spéciaux.

Négligence, dira-t-on? Allons donc! il n'y a point de négligence là où l'intérêt individuel peut satisfaire ses appétits; il n'y a point de négligence partout où des millions traînent sur les tables[1].

Je ne m'attarderai point à citer des centaines de noms on les trouvera dans mes autres livres[2]; d'ailleurs tous les parlements monarchiques ou impérialistes qui se sont succédé depuis des siècles ont été composés de la même façon.

La commission du budget de 1888 n'est pas d'une autre matière que celle des parlements passés.

D'où vient donc son effarement devant les accusations du député Numa Gilly?

Examinons :

Cette commission du budget aurait-elle eu la

[1] Témoin les lettres chargées qui disparaissent à ce que raconte Paul de Cassagnac.

[2] Voyez surtout l'*Agiotage sous la troisième République* et les *Rois de la République*.

bonne fortune d'être choisie parmi les purs entre les purs? A-t-elle jamais montré son dédain envers la féodalité de l'or?

Hélas, sur les trente-trois membres qui la composent, vingt et un ont voté, à l'époque funeste des conventions-Raynal.

Je veux bien admettre qu'en majorité leur ignorance profonde de l'économie sociale a entraîné leur vote. Mais il y a un point où, particulièrement, leur servilisme s'est affiché :

Un député, obéissant, peut-être, plutôt à une visée politique qu'à une visée de pure morale, tenta de faire voter que, dans les conventions nouvelles, on insérerait une clause interdisant aux compagnies de chemins de fer d'accorder des permis de circulation gratuits sans l'autorisation de l'administration supérieure.

C'était une petite satisfaction morale. Ah! s'il s'était agi d'interdire aux compagnies l'usage de tarifs de faveur pour le transport des marchandises, comme ceux au moyen desquels Blount, de la Compagnie de l'Ouest, a ruiné un grand nombre de commerçants de la région qu'il dessert, le servilisme parlementaire fût devenu, sinon acceptable, du moins explicable, à cause des gros intérêts en jeu.

Mais en ce qui concerne les permis de circulation, il y avait surtout une question de dignité. petite chose à côté de la grosse affaire des conventions elle-même.

Eh bien sur les vingt-un membres de la commission actuelle qui siégeaient à cette époque, douze se sont trouvés qui n'ont pas voulu d'un contrôle sur les faveurs des compagnies.

Parmi ces douze, je trouve l'ancien préfet de police Andrieux, Baïhaut, l'ex-administrateur des pêcheries, Compayré, Albert Ferry, Félix Faure, Gomot, Arthur Leroy, Lalande, Rouvier, Raynal, Ribot et Saint-Prix.

D'aucuns disent : Les votes ne signifient rien ; on ne vote pas pour un principe, mais pour un ministère, et la preuve c'est que, parmi les députés qui auraient voulu contrôler les faveurs des Compagnies, on trouve ce modèle de délicatesse, appelé Daniel Wilson ; avec lui et dans le même sens, ont voté les membres de la commission du budget actuelle, qui s'appellent Bastid, Gerville-Réache, Sigismond Lacroix, Henry Maret, Salis et Sarrien.

L'explication ne vaut pas le diable, et s'il n'est pas certain que les députés favorables au contrôle des permis fussent réellement indépendants de la majesté féodale des voies ferrées, il est hors de doute que les adversaires du contrôle ont affiché platement leur courtisanerie.

Dans tous les cas, il est constaté que, depuis les conventions, il y a eu une diminution de recettes hors de toute proportion avec les transports effectués et les tarifs pratiqués.

D'où il suit, qu'il y a eu certainement des tarifs de faveur en grand nombre, d'autant plus facilement accordés que l'Etat avait garanti un revenu annuel aux compagnies.

Aussi l'un des résultat a-t-il été la catastrophe de Velars dont j'ai déjà parlé.

Il ne faut donc pas que Raynal le prenne de si haut avec ceux qui dénoncent ou son abrutissement en 1882, lorsqu'il tonnait contre les compagnies, ou sa fourberie en 1883, lorsqu'il déclarait « que le plus mauvais tour qu'on « puisse jouer aux compagnies était de voter « les conventions ».

Or, à mon humble avis, si l'abrutissement peut être une chose gratuite et obligatoire, il n'en est pas ainsi de la fourberie.

Cela étant, quand on voit la commission du budget, sourde à toutes les réformes, n'ouvrir l'oreille qu'à ce qui concerne des taxes et des emprunts, c'est-à-dire tout ce qui favorise l'agio ; quand on voit qu'elle s'occupe complaisamment des taxes sur l'alcool, qui, comme celles sur les sucres et les céréales, constituent un merveilleux engin de spéculation et de fraude, quand on la voit enfin envahie de nouveau par des combinaisons financières relatives à la Tunisie, il n'est pas possible d'admettre qu'elle soit uniquement dirigée par le désir de gérer les finances dans l'intérêt général du pays.

Au moment de sa chute, le président Grévy était à la veille de signer un décret autorisant une *Banque beylicale de Tunisie*. Il n'en eut pas le temps. D'ailleurs, la lutte était chaude, elle durait depuis 1884, elle était sous roche dans une virulente campagne entreprise contre le résident Cambon ; il s'agissait en réalité d'arracher aux mains des Ferrystes, représentés par Charles Gery, de la *Banque de Tunisie*, la merveilleuse affaire que convoitaient les Wilsonnistes représentés par un Siegfried siégeant au *Comptoir d'Escompte*[1].

Les journaux de septembre 1887 imprimaient

[1] Voyez les mots *Géry* et *Comptoir d'escompte*, dans l'index alphab. de l'*Agiotage*.

d'ailleurs nettement que les pourparlers relatifs aux vingt millions miroitant à propos de la Banque beylicale, étaient engagés non pas entre le Comptoir d'escompte et M. Flourens, mais entre la Banque de Tunisie et M. Rouvier.

Un mois auparavant, Flourens avait décerné le brevet de commandeur de la Légion d'honneur à Denfert-Rochereau pour « services ren-« dus par le Comptoir d'escompte dans l'orga-« nisation financière du protectorat à... Mada-« gascar ».

Comme on le voit la politique coloniale et les protectorats sont une mine féconde.

Eh bien, les finances tunisiennes reviennent sur l'eau; cela commence, il est vrai, par une question d'intérêt général *en apparence* : « le régime douanier de la Tunisie », mais soyez sûr que cela continuera par la création de la Banque.

Pour le régime douanier, il faut un vote; aussi le public ébaubi assistera de nouveau à des discussions parlementaires qui seront aussi *machinées* que celles des câbles, mais pour la banque il pourra suffire d'un simple décret... et le tour sera joué.

Les dessous sont faciles à montrer :

Une *Banque beylicale* est une Banque d'Etat;

à elle comme à la *Banque ottomane*, comme à la *Banque nationale d'Haïti* et à d'autres pourra être affectée (et sera affectée certainement), la perception de certains droits de douane, et cela, *bien entendu dans l'intérêt du bon fonctionnement des finances tunisiennes!* Comprend-on, maintenant, que la façon dont on établira ces droits sera la base du mécanisme aspirateur de la Banque?

Or, ce qui en arrivera est écrit d'avance : le peuple, pressuré, se révoltera comme à Haïti, où le président Salomon a été l'instrument docile de la *Banque nationale* à laquelle il avait affecté les droits de douane à l'importation et qui se déclarait satisfaite *de la prospérité haïtienne*, juste au moment où une révolution jetait bas « Son Excellence le général Salomon »[1].

Mais à Tunis, comme il s'agira d'un pays soumis au protectorat de la France, ce sera plus grave : il faudra de nouveau faire tuer des soldats français, et cela pour « faire respecter les DROITS » des éperviers juifs qui composeront le conseil de la *Banque beylicale*.

[1] Rapport du 29 mai 1888 dressé par Lebideux, Edouard Delessert, May, Morel-Kahn, Ewald et autres juifs, administrateurs.

Eh bien! tout ceci se combine à cette heure où la France attend les réformes sociales, et justement, celui qui préside la commission du budget s'appelle Rouvier.

Pourquoi faut-il que j'aie à critiquer mon intelligent compatriote qui pourrait faire tant de bien et qui collabore à tant de mal ?

Je n'ajouterai pas aux attaques dont on l'accable, je n'irai pas, comme le fait Rochefort, lui jeter constamment à la tête la *Compagnie auxiliaire de chemins de fer*, car c'est là, peut-être, la portion la plus innocente de sa vie financière.

Je me souviens qu'un jour, dans un café de la gare Saint-Lazare, je disais à Rouvier ma façon de penser sur sa présence dans cette compagnie. C'était en 1878. Son entourage me traitait de pessimiste et voulait m'empêcher de parler : Rouvier, au contraire, m'écoutait avec attention, disant : « Laissez-le parler, il a peut-être raison. »

Dois-je attribuer à cette conversation la décision prise par lui, quelque temps après, de donner sa démission ? Il la donna *à temps* et se trouva, par conséquent, à l'abri des responsabilités qui suivirent.

Aussi n'ai-je point hésité à lui adresser à l'occasion de l'incident Gilly, une lettre que peu de journaux de Paris ont osé reproduire mais qui fait, au contraire le tour de la province.

Voici cette lettre :

A Monsieur le Président de la Commission du Budget.

MONSIEUR LE PRÉSIDENT,

Les intentions loyales de la Commission du budget, son ardent désir de faire la lumière m'encouragent à lui signaler que tous *les noms* qu'elle cherche sont contenus dans mon histoire de dix-huit années (1870-1888), ayant pour titre *l'Agiotage sous la troisième République*, parue depuis quelque temps déjà.

Faute de place, je ne reproduirai pas ici tous les noms que j'ai cités, et qui, pris tant au Sénat qu'à la Chambre, sont liés à des faits précis, démontrant jusqu'à l'évidence que Sénateurs et Députés ont contracté la triste habitude de faire très bien leurs propres affaires et très mal celles du pays; système Wilsonnien qu'une déplorable magistrature a encouragé en le déclarant innocent.

En ce qui concerne la Commission du budget actuelle, il apparaît certain que peut-être pas un seul de ses membres ne soupçonne la possibilité d'une science « permettant de gérer les finances dans *un intérêt exclusivement général* ».

Dans tous les cas, les noms de bon nombre d'entre eux figurent dans mon ouvrage; je m'abstiendrai de qualifier les faits auxquels ces noms sont attachés et je me bornerai à copier ceux que je relève dans mon index alphabétique.

Ces noms sont les suivants :

MM. Andrieux. — Baïhaut. — Casimir-Périer. — Félix Faure. — Lalande. — Maret. — Raynal. — Rouvier. — Sarrien. — Yves-Guyot.

Au surplus, les faits par moi narrés sont d'une évidence telle que le *Journal des Débats*, impuissant à les nier, a été réduit à qualifier mon livre, une « *compilation* faisant, pour la France financière, le pendant de la *France juive* ». (*Journal des Débats*, 25 juillet 1888.)

Cet aveu est d'autant plus précieux à retenir que le *Journal des Débats* se trouve, lui-même, fort malmené dans mon œuvre en la personne de ses chefs; que j'ai défié ces mêmes chefs de me contredire; qu'enfin ni ceux-ci et encore moins le pouvoir judiciaire auquel, également, je n'ai point ménagé de cruelles vérités, n'ont relevé mon défi; cela étant, la Commission du budget pourra s'éclairer en toute sécurité.

Veuillez, monsieur le Président, agréer, avec mes salutations, l'assurance de mon dévouement aux intérêts du pays.

AUGUSTE CHIRAC.

Paris, le 16 septembre 1888.

Rouvier ne m'a point répondu, il faut, d'ailleurs, lui rendre cette justice c'est que, sur trois ou quatre fois que je lui ai adressé des communications, il ne m'a répondu qu'une seule fois et cela dans les circonstances que je vais narrer :

Tout d'abord je lui communiquais un projet de rachat des chemins de fer par l'Etat, *pour combattre les conventions.*

Plus tard et pour éviter les emprunts auxquels on s'est livré, je lui signalais une loi sur les loyers d'avance et les cautionnements, qui aurait fourni au Trésor plus d'un milliard et demi au pair de 3 p. 100, mais il est vrai, sans agiotage de bourse, sans prime ni commission. A ces deux communications, silence complet.

Mais un jour un israélite que j'ai en estime particulière, comme étant une heureuse exception, me confia son faible pour le ruban rouge et me pria de transmettre ses titres à Rouvier.

Au point de vue de l'art, c'était drôle; voyons me disais-je si, cette fois, Rouvier me répondra.

Néanmoins, j'éprouvais une certaine gêne, car je m'étais promis de ne m'occuper du hochet de la Légion d'honneur que pour satisfaire un désir de vieillard manifesté par mon père, octogénaire, qui, clérical et monarchiste, àdmettait naturellement les distinctions honorifiques, y ayant d'ailleurs tous les droits conventionnels, comme administrant depuis quarante ans les deniers publics avec une incontestable probité. Je communiquai donc à Rouvier et les titres de mon père et ceux de l'israélite en question. Rouvier ne me répondit qu'en faveur de l'israélite...

Aucun des deux ne fut décoré et, plus tard, l'israélite, écœuré, me manifesta le dégoût que lui inspiraient les tentatives financières dont on environnait les aspirants à la décoration. Quant à lui, il avait toujours repoussé de pareilles propositions.

Je n'incrimine certainement pas Rouvier, mais déjà à cette époque le gendre élyséen tenait les signatures et l'un de ses nombreux émissaires a pu agir dans ce cas, comme il l'a fait dans d'autres.

La morale que je veux tirer de cette anecdote c'est l'indifférence profonde avec laquelle l'homme public, Rouvier comme les autres, reçoit les communications sérieuses traitant de l'intérêt général et, au contraire, sort de sa paresse, lorsqu'il s'agit d'un intérêt particulier.

Hélas, il n'est point le seul taillé sur ce modèle et ses compagnons de la commission du budget n'ont guère plus que lui le souci des études sérieuses concernant l'intérêt public.

Comment en serait-il autrement? De toutes parts, on encourage nos élus dans cette voie : les électeurs d'abord, les journaux ensuite. Ces derniers ne signalent les immoralités que stimulés par un intérêt politique, un intérêt de parti ou de groupe, c'est-à-dire un intérêt particulier.

Paul de Cassagnac, l'un des guerroyeurs les plus énergiques n'échappe pas à ce reproche; « nul n'est pur hors nous et nos amis », s'écrie-t-il, et là-dessus de faire le silence sur certaines turpitudes.

Jusqu'ici Berthezène seul, que je sache, a écrit cette phrase, véritable axiome de probité.

« La République est au-dessus du suffrage « universel, c'est possible, mais non pas au-« dessus de la vérité et de la justice. »

Rochefort, ce génie du pamphlet, a jeté les hauts cris sur la petite affaire Boland et a mis des années à découvrir Wilson.

Voilà deux chefs de journaux pouvant dire ce qu'ils veulent. Les autres sont incontestablement dominés par le capitaliste du journal.

Prenez par exemple Cornély, un sympathique de grand talent, qui, l'autre jour, s'évertuait à prouver dans le *Matin* que les républicains seuls étaient des pourris et les monarchistes des archanges. J'avais constaté, non sans surprise, qu'il avait osé spontanément promettre dans le *Matin* des détails sur ma *Haute Banque* et mes *Rois de la République.* Je le remercie par écrit et lui fais tenir l'*Agiotage.* Depuis lors, pour le *Matin*, l'*Agiotage* n'a jamais paru.

Même histoire pour Henry Maret; il me fait l'honneur, dont il est avare dit-on, d'un de ses lundis pour la *Haute Banque*, il se calme avec les *Rois de la République*, je le remercie toutefois par écrit; depuis lors, comme pour Cornély l'*Agiotage* n'a jamais paru.

Qu'y a-t-il donc de si épouvantable dans cet *Agiotage*, ô capitaliste Edwards, ô capitaliste Simond? Est-ce parce que je démasque vos royalistes, ô Cornély? Mes opinions sur le Panama vous froisseraient-elles, ô Henry Maret?

Tout cela est invraisemblable, mais cela suffit

à expliquer l'épouvantable aveuglement dans lequel sont tenues les masses populaires.

*
* *

Il faut en finir. Il faut empêcher que le public soit la dupe du procédé juridique consistant à réclamer des faits précis.

Ai-je besoin d'avoir vu un financier tendant un sac d'écus à un député pour être certain qu'il y a eu sac reçu, pot-de-vin bu. Qu'importe même l'intervention de la monnaie? Recevoir l'or qui procure la chose, ou la chose que procurerait l'or, n'est-ce point agir de même.

Pot-de-vin la place accordée par faveur; pot-de-vin une dot; pot-de-vin un siège d'administrateur; pot-de-vin, l'information qui permet de jouer à coup sûr en bourse. Pot-de-vin, le fait d'être de droit administrateur du *Crédit foncier* lorsqu'on est trésorier-payeur général, alors que tous les trésoriers-payeurs généraux ne sont pas administrateurs du *Crédit foncier*. Pot-de-vin cet autre privilège étrange forgé par Rothschild, attachant à la fonction de maire de Saint-Quentin celle d'administrateur du chemin de fer du Nord. Pots-de-vin les tarifs de faveur accordés à certains commerçants par les compagnies de chemins de fer. Pot-de-vin, le simple permis de circulation.

Quoi donc? Cela crève les yeux.

Je dis aux gouvernants :

Il y avait en France en 1871 après les désastres, un peu moins de onze millions de possédants (30 p. 100 de la population); il n'y en a guère à la fin de 1887 que sept millions (18 p. 100 de la population).

Environ quatre millions d'hommes ont été dépossédés, spoliés, ruinés.

Il y a plus : les possédants de 1871 avaient à se partager 142 milliards ; ceux de 1887 concentrent dans leurs mains plus de 240 milliards.

Députés, sénateurs, ministres, rapporteurs de budgets, vous avez dirigé cette spoliation et cette concentration. Armés du poignard crédit vous avez percé de coups la France ; elle est exsangue, elle se meurt. Son agonie indéniable vous terrifie même et, cependant, vous osez dire que « ce n'est pas vous », que vous êtes innocents.

Comment, il y a là un cadavre percé au cœur et un homme tenant un poignard ; sous prétexte qu'on n'a pas vu la lame entrer dans les chairs vous dites : « Ce n'est pas moi qui ai tué cet homme ! »

Ah ! pour les pauvres diables la justice *qui vous sert* n'est point si hésitante. Instantanément elle rapproche la main tenant le poignard, du cadavre transpercé ; le résultat lui suffit pour conclure à l'acte. Elle n'a point besoin de voir Fenayrou jeter à l'eau l'amant de sa femme ou Pel incinérant sa servante disparue pour leur dire hardiment : « Vous avez tué cet homme !
« Vous avez tué cette femme. »

De même, je n'ai pas besoin d'avoir assisté à vos marchés honteux, ô gouvernants ! pour être certain qu'il y a dans vos mains une grande partie de l'or concentré parmi le petit nombre depuis dix-huit ans.

Aussi, vous dis-je : vous avez affamé les quatre cinquièmes de la population. Vous, ex-prolétaires, vous êtes devenus des possédants ; vous êtes entrés dans le cénacle.

Vous, petit ou gros possédant, vous avez augmenté vos richesses.

Vous niez ! Eh bien montrez vos mains.

Qu'un comité, légalement investi d'un droit d'inquisition soit à même d'établir quelle était à la fin de 1871 et quelle est à la fin de 1887 la situation de fortune de chaque ministre, de chaque rapporteur du budget ayant fonctionné depuis dix-huit ans.

— Vous n'aviez rien en 1871 et vous avez 3 millions aujourd'hui, d'où viennent-ils? Vous dites :

— J'ai hérité.

Cela se prouve.

— J'ai épousé une riche dot.

Cela se prouve.

— J'ai capitalisé mes économies.

Cela se prouve.

— J'ai fait une affaire commerciale ou industrielle de grand profit.

Cela se prouve.

Et alors, il restera à rechercher comment vous avez hérité, épousé, capitalisé, commercé; et s'il est démontré que la cause et l'effet sont absolument indépendants de vos fonctions de ministre ou de rapporteur, alors seulement vous aurez le droit de regarder en face vos accusateurs [1].

[1] Cette enquête est d'autant plus nécessaire que déjà éclatent de toutes parts des assertions scandaleuses qu'il est indispensable de contrôler.

C'est avec une conviction profonde de l'effroyable danger vers lequel on précipite la France que je somme le Parlement et les citoyens de constituer ce comité d'enquête.

Son résultat, je le prévois d'avance, il sera tristement écœurant; quand, comme moi, on a analysé et disséqué brin à brin l'outillage capitaliste qui opprime la France; quand on a pu constater que la machine humaine, comme toute matière de l'univers, éprouve les mêmes effets sous l'influence des mêmes causes, quand, enfin, on a pu, comme je l'ai fait, prévenir les gou-

Par exemple, on lit dans l'*Union des travailleurs* de Nîmes :

« Il y a deux ou trois ans (la date exacte importe peu) le citoyen Rouvier obtint pour une maison allemande associée à une maison française, l'autorisation de faire entrer en France *en franchise*, une quantité considérable de produits allemands! l'opération n'était pas mauvaise et le bon Rouvier reçut un pot-de-vin de 300,000 *francs!!!*

« Ceci n'a rien d'étonnant, Monsieur le député, mais ce qui vous étonnera c'est que l'honnête homme a *donné un reçu* MOTIVÉ *de la somme!!!* Si Rouvier osait prétendre que vous êtes mal informé, *vous pouvez lui affirmer* que le reçu en question a passé par les mains de M. Théodore Rodocanachi, de Marseille.

« Rouvier, quand il fut nommé député des Bouches-du-Rhône, avait pour tout potage un traitement de 12,000 francs par an en qualité de caissier de la maison Zafiropulo; aujourd'hui il possède *plus de deux millions* et, l'année dernière, sur les bords du lac de Genève, dans la succession Dubochet il ne se gênait pas pour faire des variantes plus ou moins facétieuses sur ce thème-ci :

« *La République n'en a pas pour deux ans : elle périra par*

vernants *en novembre* 1885[1] par une lettre publique « qu'en 1888, Wilson aurait causé la « chute de son beau-père et que la France se « trouverait dans cette même année identique- « ment dans la situation de 1848 », ce qui impliquait les crises, les grèves, les troubles et les folies césariennes, on ne craint pas d'affirmer la vérité, certain que sa puissance fera pâlir tout l'arsenal des chicanes judiciaires.

Or il est à peine temps de faire la lumière ; *1888* a pleinement réalisé mes prévisions ; mais

les finances : ce que nous aurons après?... Je l'ignore et je m'en fous ! Aux adroits, aux habiles de se remplir les poches et advienne que pourra !!! Ceci est textuel. »

Signé : « M. P. »

A cela le *Petit Marseillais* répond que les 300.000 francs sont « une calomnie absurde » et il ajoute :

« Nous avons reçu la visite de M. Théodore Rodocanachi « qui nous a affirmé n'avoir jamais eu de relations d'affaires « avec M. Rouvier qu'il connaît très peu. »

Cette contradiction ne saurait suffire.

En l'état des mœurs parlementaires, les 300,000 francs sont possibles et si le reçu motivé paraît étrange, la dénégation Rodocanachi vaudrait tout juste celle d'un complice.

Seule, une enquête minutieuse, appuyée au besoin de *perquisitions*, pourra faire la lumière, laquelle est aussi indispensable aux accusateurs qu'aux accusés ; sans quoi on verra foisonner les assertions les plus extraordinaires *que des exemples célèbres rendent vraisemblables* et contre lesquelles dénégations et procès en diffamation ne peuvent prévaloir.

[1] Voyez l'*Agiotage*, 2e volume, page 289.

j'ai aussi annoncé deux étapes des crises suprêmes, qui seront datées **1890** et **1893**.

La France pourra-t-elle être sauvée?

AUGUSTE CHIRAC.

AUGUSTE CHIRAC

L'AGIOTAGE

SOUS LA TROISIÈME RÉPUBLIQUE

Troisième édition

Deux volumes in-18 jésus. . . 7 francs.

L'auteur se propose de faire, à grand renfort d'anecdotes scandaleuses et de noms propres, « l'histoire de tous les tripotages financiers qui ont, depuis dix-huit ans, mis à sec l'épargne publique et fait le vide dans les caisses de l'État ». Il suffit d'un mot pour définir le caractère de cette compilation : c'est pour la France financière le pendant de la *France Juive*, de M. E. Drumont.

(*Journal des Débats*, 25 juillet.)

Un pamphlet sanglant, mais aussi un ouvrage documentaire intéressant et instructif. (*Indépendance Belge*, 29 juillet.)

Deux volumes dont on peut dire qu'ils sont redoutables.

(*Gazette de France*, 11 juillet.)

Le livre montre, dans une argumentation serrée et inflexible, jusqu'à quel cynisme imprévoyant peuvent aller des classes dirigeantes improvisées et sans éducation préalable. Il révèle la situation intolérable faite aux *petits* par la coterie juive qui draine le capital national, sans le moindre souci des intérêts des travailleurs... Je ne puis d'ailleurs ni ne veux analyser ici ces deux volumes, bondés de faits et saisissants d'actualité douloureuse.

(*Observateur Français*, 21 juillet.)

Pamphlet en deux gros volumes, où sont impitoyablement étalés, chiffres en main, les tripotages financiers qui ont scandalisé, depuis dix-huit ans, la morale publique. (*Nouvelle Revue*, 15 août.)

La grande volerie agioteuse s'étant perpétuée et même extensifiée sous la troisième République, Toussenel et Duchêne devaient avoir des continuateurs et les ont eus en la personne d'Auguste Chirac et d'Edouard Drumont. Du moment où les agissements des monopoleurs et des accapareurs financiers constituent un véritable danger public et se traduisent en spoliations mongoliques, nous avons voulu appeler l'attention du public démocratique sur ces livres vengeurs. (*L'Homme Libre*, 28 août.)

Dans aucune œuvre contemporaine n'ont été dévoilés, analysés, catalogués, expliqués, flétris avec cette science certaine et cette maëstria justicière, les tripotages financiers et les intrigues politiques de la bande rapace et malfaisante des tripoteurs.

(*Intransigeant*, 18 juillet.)

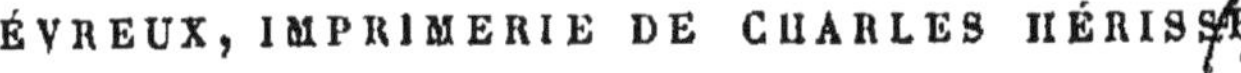

ÉVREUX, IMPRIMERIE DE CHARLES HÉRISSEY

www.ingramcontent.com/pod-product-compliance
Ingram Content Group UK Ltd.
Pitfield, Milton Keynes, MK11 3LW, UK
UKHW021014200726
13857UKWH00004B/1452